AF258369

Lk⁷
3696.

(Les compagnons de
Gaucher dans ce voyage
étaient M.M. Bervic, St
Aubin l'aîné, H. Delaunay,
Basan, Godefroy et Ponce.
Il les a indiq. par des anagr.
dans cette petite relation.)

VOYAGE

AU

HAVRE DE GRACE.

VOYAGE

AU

HAVRE DE GRACE,

Par C. E. GAUCHER.

A PARIS.

AN VI.

Charles-Étienne Gaucher, né à Paris en 1741, fut destiné par sa famille à l'étude de la médecine; mais un goût irrésistible pour les beaux arts se manifestait chaque jour, et, sans respect pour les doctes aphorismes d'Hypocrate, il s'amusait à en remplir les pages de caricatures, qui annonçaient déja le germe du talent. La fille d'un instituteur, chez lequel on avait placé le jeune Gaucher, dessinait avec goût et gravait à l'eau-forte avec beaucoup d'esprit; bientôt l'amour détermina son choix, et le desir de plaire contribua, sans doute, à ses rapides progrès. Après avoir pris des leçons de plusieurs maîtres, il acheva de se perfectionner chez le célèbre Lebas, et depuis, chacun de ses ouvrages vit augmenter sa réputation. Dans le genre de l'histoire, comme dans celui du portrait, dont un grand nombre est gravé d'après ses dessins, un burin moëleux et suave est toujours accompagné d'un style pur et harmonieux.

A l'exercice de son art le citoyen Gaucher réunit l'amour des lettres, et les ouvrages échappés de sa plume le firent admettre dans plusieurs sociétés littéraires de l'Europe. Il avait été chargé, par la ci-devant académie des Sciences, de traiter *l'Art de la gravure*, pour faire suite à la collection des arts,

ubliée par cette société. Diffé-
:ntes circonstances en ont empê-
1é l'impression, ainsi que du
:oyage *pittoresque de Londres*,
1trepris à la sollicitation du mi-
:stre Vergennes.

Parmi les productions littéraires
u citoyen Gaucher, il suffira de
ter les *Observations sur le cos-
ume français*; tous les articles des
raveurs dans le *Dictionnaire des
'tistes*; *l'Origine et la suppres-
on des cloches*; le *Désaveu des
'tistes*, et *l'Iconologie*, en 4 vol.
et ouvrage est celui qui fait le
lus d'honneur aux connaissances,
1 goût, au génie de l'auteur. Tha-
e daigne quelquefois lui sourire,
: parmi les sujets qu'elle lui a

inspirés, il en est un dont Florian, son ami, faisait le plus grand éloge, et qu'on doit représenter incessamment au théatre de l'Opéra comique national.

Nous ne parlerons pas du *Voyage au Hâvre*, on nous permettra seulement d'observer que c'est une de ces saillies dictées par l'enjouement, et dont la gaieté réclame l'indulgence.

Nous saisissons avec empressement cette occasion de rendre public le témoignage du sincère attachement qu'une liaison de trente ans a fait naître, et d'offrir à cet estimable artiste un témoignage que sa modestie nous eût interdit, si nous l'eussions prévenu.

HÉRIVAUX.

A MADAME ***.

Vous desirez, madame, que je vous fasse le récit de notre voyage au Hâvre, j'obéis; mais je vous préviens que Clio sera souvent obligée de céder son rôle à la Folie, et que les grelots de Momus interrompront plus d'une fois la gravité du narrateur.

De Bachaumont et de Chapelle
Que n'ai-je les rians pinceaux ?
Je répandrais dans mes tableaux
Cette gaîté facile où l'esprit étincelle !

Mais hélas ! j'ai plus d'un motif
pour réclamer votre indulgence ; car,
soit timidité , soit caprice, ou pré-
voyant peut-être que j'aurais à tra-
cer quelques caricatures ... un peu
folles, ma chaste muse a gardé le
silence et m'a remis les crayons de
Calot.

Trop heureux en suivant ses traces
De vous amuser un moment,
Et d'obtenir , furtivement,
Un léger sourire des graces.

VOYAGE

AU

HAVRE DE GRACE.

Septembre 1788.

Parcourez tous les points de ce vaste hémis-
    phère,
N'oubliez pas sur-tout, exact observateur,
La Circassie et l'antique Cythère ;
Cherchez, dans ces climats, le spectacle enchan-
    teur
De la beauté modeste, affable, régulière...
    Je ris tout bas de votre erreur !
La Circassie est au nord de la France :
C'est à Bolbec que Vénus tient sa cour,
Que la jeune beauté, sans art et sans détour,
    Aux graces unit la décence,
Et la simplicité donne de l'élégance,
Et soumet tous les cœurs au pouvoir de l'amour.

Curieux de visiter ce fortuné canton, et d'admirer l'effet imposant de la mer agitée par les vents de l'équinoxe, nous partons avec un empressement digne de l'objet de notre voyage. Comme il ne se trouvait point de place dans la diligence, et que des jeunes gens s'accommodent de tout, nous nous décidâmes pour une voiture de place, qui nous conduisit à Poissy, où nous prîmes la galiotte de Rolleboise.

Arrivés à Mantes, la hauteur des tours nous engagea à monter sur la plate-forme; nous y jouissions de l'aspect le plus riant et le plus pittoresque, lorsqu'une galanterie de M. Verbic (1) nous fit repentir de notre curiosité. L'espiègle s'était avisé d'embrasser la jeune fille qui nous conduisait : celle-ci, en se débattant,

fit

fit trébucher M. de Ringy contre la
corde d'une cloche. Il n'en fallut pas
davantage pour appeler à l'église
tous les dévots du village. Le sacristain à leur tête, feignant de croire
qu'on l'avait averti pour un baptême,
exigea qu'on nous mit à contribution.
Nous n'étions pas les plus forts. . . .

. . . .

Enfin, il nous fallut payer,
Pour sortir au plutôt d'affaire,
Bedeau, sacristain et vicaire.
Vous voudrez bien, Messieurs, ne me pas
        oublier,
Nous dit, en souriant, la jeune conductrice ?
    Non, mon enfant, rends nous plus de justice,
    Reprit Verbic, en lui disant adieu ;
    Mais j'aurais bien préféré, je le jure,
    Seul avec toi, dans cette conjoncture,
Aux frais du sacrement avoir pu donner lieu.

Rentrés dans l'ennuyeuse voiture

qui nous attendait , nous eûmes à essuyer un orage si violent qu'il en fut parlé dans toutes les gazettes. Le calme ne revint qu'avec la nuit et nous arrivâmes à Rolleboise.

C'est un usage dans ce canton que des enfans ou de jeunes filles se tiennent sur la route pour offrir des montures aux voyageurs. Quelles montures ! Il fallut bien accepter ces étiques Bucéphales, bizarrement honorés du nom des potentats ; et comme les chemins étaient gâtés par la pluie, chacun prit en croupe une des conductrices ; excepté M. de Nopec, qui eut pour son lot un petit page.

On eût dit que le ciel en courroux nous poursuivait sur l'un et l'autre élément. A peine avions-nous fait cent pas , que des tourbillons de poussière nous menacent d'un nouvel

ouragan. Les nuages s'ammoncèlent,
la lune disparaît, et bientôt

Un déluge affreux nous inonde,
Les vents sifflent, la foudre gronde,
Serpente, éclate et tombe en plus de vingt en-
     droits !
Nos paisibles chevaux, effrayés par l'orage,
Franchissent les buissons, les torrens à la nage,
Et galopent, dit-on, *pour la première fois!*
   Pour échapper au danger du naufrage,
      De Nopec le timide page
      Saisit, en tremblant, le manteau :
   Plus d'une belle a perdu sa chaussure,
      Plus d'un cavalier son chapeau,
   Plus d'un groupe, à tâtons, dans cette nuit
         obscure,
   L'un sur l'autre versé, cherche en vain sa mon-
         ture.

   Le ciel se lasse enfin de nous per-
sécuter, la lune reparaît, et, à sa
lueur, chacun reprend, comme il
peut, la route de Bonnières, où nous

arrivons, dieu sait en quel état ! Semblables à des nayades, nos jeunes conductrices pressent leurs longs cheveux pour en exprimer l'eau : on les eût dit métamorphosées en fontaines.

Cependant, M. de Nopec et son page, qui nous avaient donné de l'inquiétude, reparurent tous les deux, montés sur le même coursier et couverts du même manteau. Le premier, qui ne se rappelait plus avoir en croupe un petit page, l'atteignit, en descendant, d'un coup de pied sur la joue ; celui-ci, en repoussant le pied discourtois, fit rouler notre écuyer dans une citerne : un prompt secours le dégagea, et son premier soin, comme le nôtre, fut de faire allumer un grand feu.

Rangés autour et presque nuds, car nos malles étaient en avant ; ne

fûmes-nous pas surpris par une Cau-
choise égrillarde, qu'avait appelée
un gros prieur notre voisin? Le saint
homme, qu'une maladresse avait mis
à tâtons avec une jeune demoiselle,
qu'il appelait sa nièce, occasionna
le qui-pro-quo en redemandant de
la lumière :

Quel spectacle s'offrit aux regards de la belle !
D'abord elle s'arrête, et, par pudeur, sa main
Fait semblant de masquer une vive prunelle :
Puis, s'élançant ; l'espiègle éteint notre chan-
      delle,
Nous dit bon soir, et disparait soudain.

Sur les quatre heures, on vint nous
avertir que la voiture nous attendait
et il fallut se mettre en route, malgré
la pluie qui tombait à grands flots.
M. Scévole, qu'un oubli avait mis
en retard, nous suivait de loin,

2.

trébuchant à tâtons, dans un petit sentier rapide et glissant; en vain criait-il au porte-falot d'arrêter.... On n'imaginerait jamais l'objet de son courroux:

> C'était un gros caniche noir,
> Vieux domestique de taverne,
> Instruit à porter la lanterne
> Et très-exact à remplir ce devoir.
> Mais effrayé par les cris, la poursuite
> Du trop pétulant voyageur,
> Le pauvre chien eut si grand peur
> Qu'il lâcha son falot et courut à son gîte.

Le falot s'étant éteint, il fallut bien retourner au village, chercher de la lumière pour passer sur la planche étroite qui conduisait au bateau, et attendre plus d'un quart-d'heure à la pluie, parce qu'il avait pris fantaisie à M. Scévole d'avoir querelle avec un chien!

Nous arrivâmes au Roule au lever de l'aurore. Un ample déjeûné nous fit oublier nos fatigues, et nous montâmes gaiement à cheval pour traverser les riantes plaines du Vaudreuil.

La montagne des deux amans, que nous apperçûmes, nous rappela la tragique aventure d'où elle tire son nom (2); et la joyeuse troupe, attendrie, donna plus d'une fois au diable le vieux baron et son hermitage.

Jusqu'au port Saint-Ouen, il ne se passa rien qui mérite d'être rapporté. Disons un mot de la brillante cavalcade, en commençant par la queue.

M. de Nopec, avec son air grave, et son bonnet sous un chapeau rond, avait à peu près le profil de Louis XI, allant en pélerinage à la croix de Saint-Lô. Par le bas du visage on eût pris M. de Valnay pour le bon Henri, s'il eût eû des moustaches. Au centre, M. de Goifor veillait sur M. de Ringy, qui cheminait tristement, la tête inclinée, et le corps penché sur le cou de son cheval. MM. Scévole et Verbic, les deux coryphées de la troupe, formaient l'avant-garde; le premier, ferme sur ses étriers, la tête haute, le corps droit, aussi maigre que sa monture, ressemblait exactement à l'incomparable héros de la Manche. Le second, ne se faisait honneur de sa contenance, qu'aux dépends de quelques écorchures sur un endroit que la décence ne permet pas de nommer; ce qui lui attira une étrange aventure au port Saint-Ouen.

A peine descendu de cheval, l'in-
fortuné Verbic demande une houppe,
de la poudre et un miroir. Renfermé
dans sa chambre, il commençait à
appliquer le bienfaisant appareil,
lorsque l'hôtesse, par un malheureux
hasard, ouvrit la porte brusquement.
Qu'on imagine le sang-froid de la
mégère, quand elle vit sa toilette
ainsi profanée ! des apostrophes elle
passe aux menaces, et saisit M. de
Verbic au toupet...

Les cheveux sans effort lui restent dans la main !
  Orgueilleuse de sa victoire
Elle regarde, avec un ris malin,
  Cette perruque, que l'histoire
Placera quelque jour au temple de mémoire,
Ainsi qu'elle y plaça celle de Chapelain.

Par un caprice inoui, le pauvre
toupet essuya... on ne le devinerait

jamais ... un des plus énormes... de la Normandie. Après les injures, il fallut bien procéder aux échanges ; et tout étant pacifié, nous prîmes un batelet, pour nous rendre à Rouen.

Outre le palais de justice et le pont de bateaux , nous voulûmes voir la place où fut brûlée la pucelle d'Orléans et la petite rivière d'Aubette qui change de couleur sept fois par jour (3). Au spectacle, je puis assurer que l'imposant cortège des nymphes de la Neustrie nous trouva plus courageux que ne le furent les compagnons d'Ulisse : sourds à leurs voix enchanteresses, nous ne voulûmes pas même répondre à leurs invitations ; et, le lendemain, nous prîmes place dans un petit bâtiment à voiles, pour aller coucher à la Bouille. Là, quatre de nos braves écuyers, fatigués de la veille, louèrent une chaise qui les conduisit à Ponteaudemer : nous prîmes tous des cheveaux dans cette dernière ville.

Parvenus au sommet de la montagne de Villefleur, nous découvrîmes la mer, et ce coup d'œil, pour des gens qui n'y sont pas accoutumés, surpasse toutes les descriptions qu'on pourrait en faire. A Honfleur, nous pouvions voir de notre hôtel les bâtimens entrer dans le port et en sortir ; la mer, en se retirant, laisser à découvert une immense étendue de terrein ; les vaisseaux dans le bassin, enfoncés dans la vase ou couchés sur le galet, reprendre leur équilibre et se remettre à flot, par l'effet aussi curieux qu'inexplicable de la marée qui, dans ces parages, monte quelquefois à vingt-cinq pieds de hauteur pendant les équinoxes.

Le lendemain, nous nous embar-
quâmes, par un vent frais, pour le
fameux passage de Honfleur au Hâvre (4), pendant lequel il nous fallut
subir le douloureux accès du mal de
mer. Après un quart-d'heure de na-
vigation, le pilote, en se signant,
nous invita à recommander notre ame
à Dieu. Personne d'abord ne s'em-
pressa de l'imiter ; mais, tout-à-coup,
la dévotion exemplaire des matelots
pénétra tous les passagers de crainte
ou d'effroi. M. de Ringy le premier,
paya le tribut. Un vieux récollet le
suivit, puis une jeune provençale, à
laquelle un officier gascon prenait le
plus tendre intérêt. Ce dernier, par
sympathie, acheva le quatuor, quoi-
qu'il eût fait, disait-il, *quatré fois lé
boyage des Indes sans avoir pur...* A
dire vrai, il était temps que nous arri-
vassions ;

vassions; car M. de Verbic frisson-
nait·, M. Scévole pâlissait, M. de
·Valnay palpitait, et le reste de la
compagnie eût peut-être fait chorus,
lorsque nous entrâmes dans le port
du Hâvre.

L'aspect de cette ville est riant et
pittoresque; les femmes y sont infi-
niment plus jolies, plus aimables, plûs
élégantes que dans la basse-Norman-
die : observations qui ne pouvaient
échapper à des artistes. D'abord,
nous visitâmes la citadelle, les arse-
naux, les chantiers, où nous vîmes
deux frégates en construction et le
port, dans lequel il y avait plus de
cent bâtimens de différentes nations.
Nous allâmes voir ensuite les fanaux
placés sur la hauteur du cap de la
Haive, et que l'on apperçoit à plus
de quinze lieues en mer. Jusqu'alors

nous n'avions vu l'océan que comme
une glace immobile, agitée seulement
par le retour périodique de la marée;
mais, le jour de notre départ, nous
fûmes témoins d'un autre spectacle,
et principalement d'un miracle ! bien
capable de convertir les incrédules,
et de déconcerter les esprits forts.

On se disposait à lancer un vaisseau nouvellement construit, et déjà
la foule immense des spectateurs
remplissait le port. Nous nous y ren-
dons. Tandis qu'on baptisait le na-
vire, la mer était calme, et quelques
impies regardaient, avec dérision,
cette cérémonie religieuse; mais à
peine la bénédiction fut-elle achevée,
qu'on eût dit que la même légion de
diables, qui jadis s'empara d'un trou-
peau de cochons sur les bords du
lac de Génézareth, s'échappait des
flancs du vaisseau.

De ces malins esprits la légion immonde
    Court se précipiter dans l'onde.
Soudain l'air s'obscurcit, et les flots en fureur
Aux pâles matelots inspirent la terreur!
Sous mille aspects hideux on vit alors paraître
Les démons conjurés par l'organe du prêtre ;
De marsouins monstrueux une troupe effrayante
Aux spectateurs émus va porter l'épouvante,
Et la foudre en éclats, tombant du haut des cieux,
Atteste le miracle opéré dans ces lieux.

Ce spectacle pourtant ne glaça point notre courage ; nous louâmes une barque, et de dessus la jetée nous nous précipitâmes sur le dos des matelots ; mais à peine fûmes nous sortis du port que notre frêle bâtiment s'élève à la hauteur des moles et se précipite ensuite dans des gouffres affreux ! Renversés les uns sur les autres, pâles et tremblans, n'osant fixer le péril qui nous environne, prêts à chaque instant à nous voir engloutir, nous formons les vœux les plus ardens, pour échapper au danger qui nous menace. Enfin, on parvient à virer de bord et nous débarquons avec beaucoup de peine, trébuchant à chaque pas, et croyant sentir la terre vaciller sous nos pieds, ce qui nous obligea de prendre des chaises de poste, pour continuer notre route jusqu'à Bolbec, un des principaux objets de notre voyage.

Salut à cette jolie ville, la perle du pays de Caux, la gloire de la Normandie, la nouvelle Paphos, que l'Europe entière doit envier à la France.

Toutes les femmes y sont belles, l'ont été, ou promettent de le devenir. M. d'Asban, qui s'ennuye par-tout où il se trouve, et desire toujours être où il n'est pas, fut le premier qui proposa de se reposer quelques jours dans ce fortuné canton ; et son avis fut reçu de la troupe joyeuse avec un applaudissement général.

Pendant qu'on préparait nos chambres, on vint avertir la maîtresse de l'hôtel qu'une dame, arrivée le matin, ressentait les douleurs de l'enfantement ; elle y vole, et nous restons accompagnés de deux jolies personnes, dont le regard tendre et languissant aurait porté le trouble dans l'ame la plus apathique. Une taille moulée sur celle de la Vénus de Médicis, des traits fins et réguliers, une gorge d'albâtre, tout paraissait ressortir davantage sous le costume pittoresque du pays de Caux : telles étaient la fille et la nièce de la maison. Sur la cheminée de la salle se trouvaient des bouquets, des rubans et autres petits cadeaux ; nous en demandâmes la cause, on nous dit que c'était la fête des deux cousines : nous ne manquâmes point de la leur souhaiter ; mais lorsque nous voulûmes les embrasser ,, quelle fut notre surprise !

Avec grace, d'abord , l'une et l'autre cousine
　　Baisse les yeux modestement ;
Puis , de concert , présente à notre empresse-
　　ment
L'incarnat velouté d'une peau douce et fine ,
Qu'embellissait encore un sourire charmant.

Ce baiser délicieux nous enhardit à en cueillir un autre, et déja nous nous disposions à le prendre, lorsque la mère parut et fit échapper l'essaim folâtre de nos bras.

Nous quittâmes à regret ce séjour

enchanteur , pour retourner à Rouen. Il n'en fut pas de même du royaume d'Yvetot (5) , que nous traversâmes en quinze minutes.

Le reste de notre voyage n'offrit rien de remarquable. Comme le temps fut serein , nos cavaliers ne trouvèrent plus de belles à mettre en croupe , ni M. de Nopec de petit page , pour le désarçonner ; M. Scévole ne s'avisa plus de prendre querelle avec un chien ; M. de Verbic fit sa toilette sans inconvénient , et , s'il embrassa de jeunes filles , il n'eût plus à son côté M. de Ringy pour sonner les cloches.

NOTES

SUR LE

VOYAGE AU HAVRE.

1 (M. Verbic). Comme toutes les circonstances de ce badinage sont vraies, et les voyageurs connus, nous avons cru devoir faire usage de l'anagramme.

2 (Tragique aventure). Un vieux baron avait une fille d'une rare beauté, promise à un chevalier avare, discourtois et jaloux, que la gente damoiselle détestait autant qu'elle aimait un jeune écuyer, brave et généreux, qui n'attendait que le moment d'être armé chevalier pour disputer sa maîtresse à son odieux

rival. Un jour que les deux jeunes amans se donnaient des preuves non équivoques de leur tendresse, le père les surprit. Furieux de l'audace du jeune écuyer, à qui il avait défendu d'aspirer à l'honneur de devenir son gendre, il veut le tuer ainsi que son amante, qui embrasse en pleurant les genoux de son père. Le vieux baron feignant de se laisser fléchir, relève sa fille et promet au jeune homme de lui pardonner, même de couronner ses vœux, s'il a le courage de porter son amante du bas de la montagne jusqu'au sommet, sans s'arrêter, sans reprendre haleine. Cette proposition rend l'espoir au jeune écuyer, qui, consultant moins ses forces que son amour, enlève son amante, gravit la montagne avec le précieux fardeau et expire de fatigue en arrivant au sommet. L'amante, qui n'avait consenti qu'à regret à la téméraire entreprise, s'évanouit à ce spectacle et mourut quelques jours après, consumée de douleur. Le père, pour calmer ses remords, fit bâtir un hermitage sur la montagne, et s'y r'enferma pour finir ses jours.

3 (Sept fois par jour). l'Aubette qui se jette dans la Seine à Rouen, est si favorable aux teinturiers, qu'ils se sont établis en grand nombre sur ses bords. Ce sont eux qui occasionnent les changemens de couleur que l'on remarque dans les eaux de cette rivière.

4 (Passage de Honfleur au Hâvre). Cette ville se nommait autrefois le Hâvre *de malheur*, à cause des fréquens naufrages, occasionnés par

l'embouchure de la Seine. On y érigea une chapelle sous le nom de notre
Dame-de-grace, dont elle a retenu le
nom. C'est une ville importante que
François I, Henri II et Louis XIII
ont successivement fortifiée.

5 (Royaume d'Yvetot). Soit fa-
veur ou réparation d'offense, pour
un des seigneurs d'Yvetot, un roi de
la première race érigea en princi-
pauté cette petite seigneurie. De-là,
souche de petits rois, fondement de
petits privilèges, source de méprises
ou de bons mots.

« Mes amis, dit Henri IV (campé
en 1689 sur les terres d'Yvetot),
» au moins, si je ne puis conquérir
» mon royaume, je suis assuré d'a-
» voir celui d'Yvetot ».

Le même, au couronnement de
Marie de Médicis, feignant d'être

surpris de voir Martin de Belley, sei-
gneur d'Yvetot, dont il connaissait la
jactance, confondu dans la foule, fit
appeler le maître des cérémonies.
« Comment, lui dit-il en riant, ne
» voyez vous pas le roi d'Yvetot?
» Faites en sorte, je vous prie, qu'il
» soit placé d'une manière convena-
» ble à la dignité de sa couronne ».

FIN